JN068772

仙台占い

はじめに

　皆さん、こんにちは。当 十郎<ruby>当<rt>あたり</rt></ruby> <ruby>十<rt>じゅう</rt></ruby> <ruby>郎<rt>ろう</rt></ruby>と申します。

　長い間製薬会社の営業（ＭＲ）をやりながら、副業・裏稼業として「占い師」をしていた者です。現在はサラリーマンを引退し、占い師とセミナー講師を本業にしています。

　活動は店を持たず、主に出張鑑定、及び占い師養成講座のセミナー等を実施しております。そのセミナーの中、「誰でも簡単に、短時間で占い師になれる方法」を伝授しておりました。

　本書は、そのセミナーの集大成である「仙台占い」をまとめたものです。

　この本の特徴として、普通の「占い」の実用書としての役割。もう一つは、個性的な占い師になれる方法をマニュアル化したことです。皆さんも是非、この「仙台占い」で占いを楽しみ、さらに占い師になるという、新しい挑戦をしてみてはいかがでしょうか？

令和５年５月吉日

当 十郎

目次

はじめに………………………………………………………… 1

仙台占いとは？………………………………………………… 3

第1章　運命数の出し方………………………………………… 5

第2章　仙台占い　命地別基本運勢　全体運……………… 7

第3章　分類表………………………………………………… 27

　　　　分類表1　恋愛…………………………………… 28

　　　　分類表2　結婚…………………………………… 32

　　　　分類表3　相性…………………………………… 36

　　　　分類表4　①著名人（その1～4）………………… 40

　　　　　　　　　②著名人（その5）
　　　　　　　　　　仙台（宮城）に関わりのある有名人…… 56

　　　　分類表5　健康…………………………………… 60

　　　　分類表6　金運、仕事運………………………… 64

　　　　分類表7　開運…………………………………… 72

　　　　分類表8　複雑な区分…………………………… 80

　　　　　　　　　①事故・犯罪に巻き込まれる傾向……… 80

　　　　　　　　　②この運命数が上司・同僚・友人なら…… 84

　　　　　　　　　③この運命数が恋人・結婚相手なら…… 88

　　　　　　　　　④この運命数が親・子なら……………… 92

　　第4章　占い師になる方法……………………………… 97

あとがき…………………………………………………………102

仙台占いとは？

　占いの基本に「数秘術」というものがあります（「カバラ」というユダヤ思想からきている説が有力です。）。もっともポピュラーで、わかりやすく、誰でも簡単に出来、それでいて当たると評判、長い歴史もある、占い中の占いです。

　専門をタロット、占星術、手相を看板にしていても、生年月日を聞いてきたら、まずこの数秘術を参考にしていると思ってよいでしょう。それぐらいプロの占い師が使用する最強の占術方法なのです。

　数秘術は、生年月日や数字に置き換えた氏名などを固有の計算式から算出して出た数字をその人の運命数とし、1〜9までの数字に特定のイメージを当てて占う方法です（鑑定士によっては、11と22を加えた11種類に分類します。）。

　仙台占いは、それぞれ生年月日から計算で出された、いわゆるバースディーナンバー、運命数を、各地名に表題化・命名し直したものです。

　この方法は、実は古くから「動物占い」、「仮面ライダー占い」などとしてあります。例えば、双子座の人は、仮面ライダーダブルとか、占い対象名を流行りのキャラクターに置き換えただけです。元は四柱推命など、いわばより身近にしようという演出です。

第1章

運命数の
出し方

では、あなたの運命数を出してみましょう。運命数の計算の仕方は、どんな占いの中でも最も簡単です。生年月日を分割して、一桁になるまで足し算をしていきます。

　例えば、平成１０年２月２１日生まれの人の運命数の出し方は、まず、和暦を西暦に直します。
平成１０年は１９９８年２月２１日になります。

１＋９＋９＋８＋２＋２＋１＝３２

これをさらに一桁になるまで足し算をします。

３２は３＋２＝５

　この人の運命数は「５」。仙台占いでいう星名は、命地・「五橋」となります。

　それでは、皆さまの、運命、全体運を見てみましょう。まずは、自分の生年月日から、命地（仙台占いの運命数表現）を出し、各ページを見ていきましょう。

第 2 章

仙台占い
命地別基本運勢

全体運

運命数1 命地・一番町

　1はその番号のとおり、始まりの意味を持ちます。創造性を持つ、一匹狼の芸術家、技術者、総監督、職人を示します。キーワードは、**孤高・天才・創造**です。既存の文化にこだわらず、まったく新しいものを作り上げていく天才的なセンスがあります。

　もともとマイペースで我が道を行くこの運命数の方は、どんな障害やハードルがあっても、自分のポリシーのまま、自分の納得のいく人生を歩むことでしょう。

　一方、そのセンス、アイディアはあまりに突拍子もないものとなり、最初はなかなか一般に受け入れられず、国内では評価されず、海外でヒットするとか、自分の会社では認められなくても、他社で光るといったケースが多く、せっかくの才能が発揮できない苦労が多いようです。

　この運命数の方に、アドバイスはありません。自分のやりたいこと、努力していること、自己の価値観で楽しいこ

とであれば、それらを他人に何を言われても平気で行動できる方だからです。

　しいていえば、その才ある脳に体がついていけず、内臓（腎臓、膵臓）を悪くするケースが多いようです。

　また、好奇心や冒険心が強く、どんな危険な場所にも行ってしまう性格が災いし、犯罪に巻き込まれるかもしれません。危険地帯には足を延ばさない、体調不良は早めに休むことが、最低限の開運です。

　勿論開運の場所は、一番町。野中神社でお参りをし、金港堂で書物を求め、壱弐参横丁でくつろぐのが開運です。命地・一番町の開運のポイントは「一人」です。一人でそれらの場所を訪れましょう。

運命数2 命地・二日町

　運命数2の人のキーワードは、**知識・秘書・放棄**になります。

気品のある二番手。常に一番前には出ず、二番手、秘書役に徹するタイプです。本来周りの人が嫌がるような超個性的なトップの、理解ある手助けをしてくれる人です。

　また、雑学的な知識は豊富ですので、天才監督のメモ代わりという役所も、この運命数の力発揮といったところでしょう。

　しかし、本来持っている自己主張、自己陶酔、妄想の意識が強く、常識にとらわれないところもあるため、良き理解者に恵まれない限り、常に世間から誤解されるでしょう。何をするにも格好、形を大事にし、物、事の本質を無視する傾向があります。

　特にこの性質は女性に多く、誤解され敬遠されている人が多いようです。「常識」を守る。人の思いやりを奥底か

ら理解する。建前ではなく、本気で他人とコミュニケーションをとることが開運方法です。

　常に自己の身勝手さを認め、空気を読む行動が運を向上させます。

　大病の心配はほとんどありません。ただ、アレルギーと精神性の病気の方が多いようです。心の負担をとりのぞき、自由な時間を持つことです。

　二日町周辺、晩翠通や、北四番丁あたりの新しいおしゃれな店の散策が開運です。

運命数 3 命地・三百人町

　運命数３の基本キーワードは、**純粋・快楽・勝負**です。奉仕も少し入っています。優しい意地っ張り屋さんです。ブランド好きのアスリートが多く、個性的で、言葉少なですが、多趣味。誰にでも平等に接し、慈愛を強く持ち、ほとんどの人に好かれる人気者です。

　しかし、本人はいたって照れ屋なので、なかなか本音を語りたがりません。

　また、強い平等性から、政治的手腕を発揮するケースも多く、正義感を持った主張、発言も目立ちます。常に個性的なキャラクターに囲まれ、本人も型にはまらない人物を好む傾向があります。しかし、本人の行動、ふるまい、考え方は、九つの運命数の中でももっともバランスがとれている人でしょう。

　しいて欠点を言えば、一般論を口に出しすぎて、口論になるかもしれません。また、実は物やお金に執着が強く、

ブランド物に走る傾向、高級車に散財する可能性があるので注意しましょう。

　三百人町周辺、南鍛冶町から保春院などの散歩も開運ですが、車好きな方はこのルートを通るだけでも吉です。

運命数4 命地・四郎丸

　運命数４のキーワードは、**理論・情報・利益**です。個性
が強く、リーダーになるケースが多いですが、実は本や
インターネットからの情報や他人の個性をうまく参考にし
て、自分に取り込んでいます。斬新な発言、発案をしてい
ても、過去の教訓を守り、伝統、基本、常識を守ろうとし
ています。理論で固め、合理性を重んじ、安定した利益を
生み出す才能があります。そのような性格から、政治家、
ＩＴ起業家に多いタイプです。

　仲間を大事にする一方、実は小心者でお金の使い方が荒
く、合理的な性格から手に負えないものからはすぐに手を
引くことがあり、それが逃避ともとられかねません。大事
な局面ではプラスからマイナスに一気に変化してしまう運
勢です。

　しかし、その保守的な性格のため、身辺の管理、事故、
病気には気を付けていて、長生きすることでしょう。

また、情報を沢山入手しすぎたり、周りの意見を尊重しすぎたりすることで、決定打にかけ、選択ができない、結論が出せないということがあります。一度、過剰な情報収集をやめるのも開運のカギでしょう。

　四郎丸で弁天囲古墳、城丸大明神、落合観音堂などを訪れ、たまに IT から離れ、自然、静寂に触れると吉でしょう。

運命数5 命地・五橋

　この運命数のキーワードは、**自由・行動・芸術**です。平凡なことと、権威主義を嫌い、己の個性を重視します。また、弱い者の味方で、大小かかわらず悪を憎む、正義感が強い性格です。

　この個性の強さ、正義感、平等心は九つの運命数の中で最も強く、埋もれるにはもったいないスター性を持っています。それゆえ妬みをかい、敵を作るのも度々です。個性の主張はひかえ、自然に任せ、あまり自分では動かないほうが良いかも知れません。不器用な現代のサムライ、まさしく武士です。自己に強い厳しさを持った人です。

　しかし、その熱い感性が災いし、孤立してしまいます。やりすぎに気を付けることです。

　芸術面でも優れた能力を持っていますが、己の短気さ、あきらめの速さで、せっかくのチャンスを失うのもしばしば。少しゆとり、休息が必要です。責任を感じすぎないよう、

自分を許すことが、開運です。

　カメイ美術館、五橋公園で休み、五橋小新堂の揚げパン
を食し、ダルマに祈ることが開運かも。

運命数6 命地・六丁の目

　分析・寛大・調和のキーワードを持つ、影の主役です。常に冷静で、人との和を大事にし、争いを好まない、誰にでも好かれる心の広い人間です。常に相手をおもいやり、敵を作らない、根本は慈愛の人なので、多くの友人、仲間を持ち愛される人です。

　調和、分析を優先し、自分の主張は控えています。しかし、理解、教育を主体にするあまり、つい年下や格下の者に重圧的態度をとり、それが気付かぬうちにパワハラ、セクハラになってしまいます。

　また、自分で政治や改革などの行動は起こさず、人に任せて、意見を言うだけといった賢しい面があります。エネルギッシュに見えますが、大病が多く、実際は無理のできない身体です。人のため、組織のため、仕事をまじめにやりすぎるタイプでもあり、対人関係、家族にさえ気を使いすぎる面があります。

普段穏やかで、頼りになる兄貴、姐さんですが、時に詰めが甘い面があります。あまり人間関係、雑事、仕事を増やさないことが開運です。

　六丁の目はラーメン屋が豊富。食べ歩き、そのあと、古本屋でゆっくり本を探すのも開運です。

運命数7 命地・七北田

　三つのキーワードは、**支配・攻撃・改革**です。凄まじいエネルギー、活力の持ち主です。人を使うことに優れており、どんな場面でもリーダーになる人物ですが、その反面、能力が強すぎたり、聡明すぎることで、周りからは敬遠されるタイプでもあります。

　頭が良く、紳士的ですが、自己の夢、理想の追求では一切の妥協をしない完璧主義者です。成功のためにあらゆる犠牲もいとわない性格です。

　ただ、そういう性格ですから、トップになっても孤独です。信頼できる部下や、仲間、友人に巡り合うことができないと、栄光を前に失墜する人が多く、功績のわりに評価が低いのもこの運勢です。

　運命数5の方とともに、時代を改革するパイオニアで、男女ともに経営者の運気です。自信あふれたその言動、行動は人を引き付けますが、時折謙虚になれば運は開花する

でしょう。

　七北田公園、泉ヶ池、七北田街道の散歩が開運です。
秋葉神社も吉です。

運命数8 命地・八木山

「8」のキーワードは、**無垢・無法・無性**です。決して法を守らないわけではく、独創的、ユニーク、独特な感性を持っている、自分にも相手にもルールを作らない自由人です。

年齢より常に若く、いつまでも少年、少女のような純粋無垢なキャラクターです。男でもない、女でもない、中性的な性格です。

リーダーにはならないけれど、集団の中で幹事役などをすると、力を発揮します。上司にも媚びず、下にも偉ぶらない、平等意識が強い人です。

とはいえ、この人がトップになると自由過ぎて、統率がとれません。無責任も少し持ち合わせています。さらに、無垢、無法すぎて乱暴な一面もあり、要注意です。

しかし、運命数8の人は、相手のことを深く理解、追求

をしないという決めつけない性質が実は強い自由・平等心を生み、子ども的キャラも合わさり、周りからは憎まれず、永遠に愛されるムードメーカーとなるでしょう。

　八木山動物園、ベニーランド、tbc などが開運の場所です。

運命数9 命地・東九番丁

　運命数9の人は情熱の人、感情の人です。キーワードはそのまま、**感情・霊障・過去**です。特に恋愛面が男女ともに華やかで、幼少期、思春期、成年期、老年期を問わず、常に大きな恋愛を体験する運命です。女性はいわゆる尽くすタイプ。原石の男性を見つけ、奉仕する愛情表現が強いです。

　男性は口が悪く、傲慢な態度が多いので、誤解されることがしばしばですが、根本は人を思いやる人情家です。ゆえに人情を否定したり、個性を名目に、仲間、組織の風紀を乱す者を嫌います。

　また、霊感が強い人が多いです。心霊スポットなどには、近づかないほうが良いでしょう。

　そして、男女共に一言多く、憎まれ口と身勝手な態度、横柄さに結局組織でも浮いてしまいます。過去の記憶がすべてを構成しています。良い意味で反省と対策ができる人ですが、相手の小さいミスを永遠に覚えているように、執

着心が強く、それが欠点にもなります。

　なぜか男女とも遺産相続トラブルに巻き込まれますが、その遺産に助けられるようです。先祖供養、親戚を大事にすることが吉です。そして、相手の過去をあまり話さないことが開運になります。

　東九番丁周辺、荒町、連坊の散策が吉です。評判のラーメン屋、喫茶店、毘沙門天などを訪れてみましょう。

第3章

分類表

第3章は、あらゆる運命、事象、データを詳細に分類、表化したものです。自分や相手がどの運命数・命地にあてはまるか、確認、参考にしてみて下さい。

分類表1は、何と言っても、占いは恋愛運。成就の秘訣をそれぞれ記載しました。

恋 愛 傾 向

運命数 命地

1 一番町	性別にこだわりなし。仕事優先、恋愛は二の次になってしまう傾向あり。束縛を嫌う。自分が主導権を握る傾向。	
2 二日町	恋愛不向き。恰好をつけたがる。相手に得な情報を与えたい気持ちがある。しつこくない関係を好む。	
3 三百人町	自然な自由恋愛。衝動的、不倫もありだが、執着なし。あっさり傾向。男女共に平等訴えるが、実は尽くす。	
4 四郎丸	感情的ではなく、理性的、条件を重んじる恋愛傾向。結婚前提の恋愛が良し。	

5	五橋	ドラマを求める。自己犠牲的恋愛傾向。恋愛に過剰な期待、要望を持つ傾向。
6	六丁の目	惚れやすい。身をひく恋愛多し。いつまでも年下が好き。恋愛は熱情的だが結婚は現実的。
7	七北田	強烈な愛情表現、過激な独占欲。恋愛も仕事的。必ず成就させる執念。
8	八木山	まったく無頓着。いつまでも二次元的アイドルを追う、マニアックな恋愛志向。生涯独身もあり。中性的。本質は乱暴さもある（DV注意）。
9	東九番丁	泥沼恋愛過剰型。しかし、熱しやすく冷めやすい。過激なようで実は純情、一途。

恋 愛 成 就 の 秘 訣

運命数 命地	
1 一番町	自分から行動する。尽くしすぎもダメ。お互いの趣味、仕事を理解、尊重すると良い。
2 二日町	相手が程良い距離感を取ってくれる人なら可。自分のプライバシーに入ってこないタイプとうまくいく。２０歳以上年の差相手良し。
3 三百人町	強い個性の３〜５歳程度上の、職場恋愛が可。自分から積極的な押しかけ女房的が良い。
4 四郎丸	実は臆病。うまくリードしてくれる人が良し。かなりの年上が良い。

運命数	命地	
5	五橋	早い段階で打ち解ける相手が良し。受け身恋愛のほうがいい。自分からのアプローチ相手はうまくいかない。直感的行動が良い。
6	六丁の目	軽い恋愛態度。あまり重たくないイメージを演出がするのがよい。友人関係のような恋愛が良い。
7	七北田	執着性をなくすこと。仕事多忙のフォロー常に必要。
8	八木山	相手を尊重する。空気を読む。同程度の精神年齢の者を選ぶと吉。
9	東九番丁	感情的にならず落ち着いた恋愛を心掛ける。

分類表2は結婚について。合わせて離婚傾向についてです。

結 婚 運

運命数 命地	
1 一番町	基本一人。性別、入籍、形式、容姿、国籍、収入、地位にこだわりなし。差別なし。
2 二日町	年の差婚。生涯独身も多い。
3 三百人町	女性は理想の花嫁。早い結婚。男性は遅い。
4 四郎丸	現実的。一般的な夫婦。

5	五橋	別居婚、週末婚など同居していない夫婦多し。
6	六丁の目	誤解や行き違いはあるが、そこそこうまくいっている夫婦。
7	七北田	結婚は男女とも仕事中心となり不向き。
8	八木山	友達的夫婦なら可。男女役割逆転良し。
9	東九番丁	結婚、恋愛願望過剰にあり。

離 婚 傾 向

運命数 命地	
1 一番町	多い。
2 二日町	多い。
3 三百人町	少ない。
4 四郎丸	意地でしない。実際は家庭内離婚

運命数 命地	
5 五橋	少ない。
6 六丁の目	少ない。
7 七北田	多い。
8 八木山	少ない。
9 東九番丁	離婚と再婚を繰り返すケース多し。

分類表3は、良い相性、悪い相性を見てみます。
相性の良い（悪い）順番に並んでいます。どの運命数の人と相
性が良いか悪いか参考にしてください。

良 い 相 性 の 運 命 数

運命数 命地	
1 一番町	2、3、8
2 二日町	1、2、9、4
3 三百人町	5、1
4 四郎丸	6、2、3、4

運命数 命地

5 五橋	3、5、7、6
6 六丁の目	4、7、5、8、6
7 七北田	9、5、8、6
8 八木山	8、7、9、1、6
9 東九番丁	7、2、8

悪い相性の運命数

運命数 命地	
1 一番町	5、9、7、6、4、1
2 二日町	5、8、7、6、3
3 三百人町	7、6、8、9、3、2、4
4 四郎丸	7、1、8、5、9

運命数 命地	
5 五橋	8、2、9、1、4
6 六丁の目	1、2、3、9
7 七北田	1、2、3、4、7
8 八木山	5、2、3、4
9 東九番丁	5、1、6、4、3、9

分類4は主な著名人、芸能人をピックアップしました。自分や、相手がどんなタイプなのか参考になると思います。

①著名人（その1）

俳優（男）

運命数 命地	
1 一番町	哀川翔、チャールズ・チャップリン、トム・ハンクス、松方弘樹、村上弘明、吉岡秀隆
2 二日町	佐藤浩市、丹波哲郎、水谷豊
3 三百人町	阿部寛、石原裕次郎、伊勢谷友介、織田裕二、神田正輝、佐々木蔵之介、田中圭、保坂尚輝、松重豊、松平健、吉田鋼太郎、六角精児
4 四郎丸	香川照之、岸部一徳、杉良太郎、仲代達矢、火野正平、藤原竜也、松山ケンイチ、安田顕

運命数	命地	
5	五橋	石坂浩二、及川光博、オダギリジョー、笹野高史、志尊淳、反町隆史、高倉健、藤岡弘、三田村邦彦、役所広司、横浜流星、渡辺裕之
6	六丁の目	渥美清、伊藤英明、えなりかずき、北大路欣也、十三代目市川團十郎白猿、ジェームズ・ディーン、田宮二郎、中村勘九郎、中村獅童、ブルース・ウィリス、山﨑努、ユースケ・サンタマリア、渡辺謙
7	七北田	石田純一、市村正親、竹内涼真、内藤剛志、長谷川博己、東山紀之、渡部篤郎
8	八木山	阿部サダヲ、伊藤健太郎、竹中直人、田村正和、津川雅彦、寺尾聰、中井貴一、中尾彬、船越英一郎、松田優作、三船敏郎、渡瀬恒彦
9	東九番丁	柄本明、大泉洋、奥田英二、勝新太郎、ジム・キャリー、菅田将暉、千葉真一、寺脇康文、温水洋一、ハリソン・フォード、本木雅弘

俳優 （ 女 ）

<table>
<tr><td colspan="2">運命数 命地</td><td></td></tr>
<tr><td>1</td><td>一番町</td><td>有村架純、上戸彩、佐藤仁美、沢井美優、
大地真央、菜々緒、桃井かおり</td></tr>
<tr><td>2</td><td>二日町</td><td>あき竹城、喜多嶋舞、剛力彩芽、沢口靖子、
ジュリー・アンドリュース、土屋太鳳、福
田沙紀、由美かおる</td></tr>
<tr><td>3</td><td>三百人町</td><td>天海祐希、オードリー・ヘップバーン、檀
れい、ともさかりえ、中山美穂、吹石一恵</td></tr>
<tr><td>4</td><td>四郎丸</td><td>大谷直子、黒木瞳、島田陽子、松下由樹、
松たか子、松雪泰子、米倉涼子</td></tr>
</table>

5 五橋	浅丘ルリ子、綾瀬はるか、泉ピン子、斉藤由貴、竹内結子、永作博美、中村玉緒、倍賞千恵子、観月あこ、山下美月
6 六丁の目	いしだあゆみ、石原さとみ、樹木希林、黒柳徹子、竹下景子、夏目雅子、橋本環奈
7 七北田	新垣結衣、伊藤蘭、音無美紀子、多岐川裕美、長澤まさみ、広瀬すず、藤原紀香、マリリン・モンロー、安田成美
8 八木山	池波志乃、エリザベス・テイラー、賀来千香子、かたせ梨乃、神田沙也加、鈴木保奈美、吉永小百合
9 東九番丁	芦名星、小川真由美、菅野美穂、北川景子、沢尻エリカ、真木よう子、若村麻由美

①著名人（その2）

ミュージシャン、アイドル、モデル（男)

運命数 命地	
1 一番町	西城秀樹、DAIGO、長渕剛、大野智、櫻井翔、堂本光一
2 二日町	カニエ・ウエスト、武田鉄矢、吉田拓郎、岡田准一、香取慎吾
3 三百人町	五木ひろし、郷ひろみ、星野源、水木一郎
4 四郎丸	GACKT、野口五郎、稲垣吾郎、亀梨和也、堂本剛

5	五橋	小田和正、国分太一、松本潤
6	六丁の目	北島三郎、布施明、マイケル・ジャクソン
7	七北田	小室哲哉、木村拓哉、滝沢秀明
8	八木山	沢田研二、ピエール瀧、二宮和也
9	東九番丁	宇崎竜童、エルヴィス・プレスリー、玉置浩二、中居正広

ミュージシャン、アイドル、モデル（女）

運命数 命地	
1 一番町	華原朋美、浜崎あゆみ、レディー・ガガ、賀喜遥香（乃木坂４６）、小泉今日子、後藤真希、前田敦子、
2 二日町	坂本冬美
3 三百人町	王林、与田祐希（乃木坂４６）、滝沢カレン
4 四郎丸	松田聖子、森高千里、生田絵梨花、白石麻衣、池田美優（みちょぱ）、木村有希（ゆきぽよ）、藤田ニコル

運命数 命地		
5 **五橋**	中森明菜、秋元真夏、堀未央奈	
6 **六丁の目**	あいみょん、中島みゆき、山口百恵	
7 **七北田**	椎名林檎、ローラ	
8 **八木山**	安室奈美恵、きゃりーぱみゅぱみゅ、工藤静香、大島優子、指原莉乃、西野七瀬	
9 **東九番丁**	KEIKO、美空ひばり、磯山さやか、上原多香子	

お笑い芸人、タレント、実業家、アナウンサーなど（男）

運命数 命地	
1 一番町	明石家さんま、劇団ひとり、志村けん、萩本欽一、渡辺正行、スティーブ・ジョブス、前澤友作、羽鳥慎一
2 二日町	上島竜兵、トシ（タカアンドトシ）、風見しんご、太川陽介、所ジョージ、ジャニー喜多川、ナポレオン・ヒル、古舘伊知郎
3 三百人町	有吉弘行、太田光、加藤茶、木梨憲武、タカ（タカアンドトシ）、坂上忍、久米宏、高岸宏行、藤井聡太
4 四郎丸	石橋貴明、タモリ、ビートたけし、Dr. コパ、長嶋一茂、堀江貴文、稲盛和夫、カルロス・ゴーン、ビル・ゲイツ、盛田昭夫、安住紳一郎、花田紀凱、山口敬之、林家木久扇、山中伸弥

5	**五橋**	稲川淳二、田中裕二、ウエンツ瑛士、野々村真、林修、森永卓郎、孫正義、柳井正、池上彰、宮根誠司
6	**六丁の目**	笑福亭鶴瓶、松村邦洋、大橋巨泉、田代まさし、橋下徹、ウォーレン・バフェット、高須克弥、トーマス・エジソン、松下幸之助、養老孟司
7	**七北田**	片岡鶴太郎、ヒロシ、みやぞん、矢部浩之、石原良純、尾木直樹、堺正章、立川志らく、中山秀征、リリー・フランキー、渡辺徹、イーロン・マスク、ジョン・ロックフェラー、アルフレッド・アドラー
8	**八木山**	いかりや長介、出川哲朗、梅沢富美男、つるの剛士、テリー伊藤、本田宗一郎、三木谷浩史、富川悠太
9	**東九番丁**	綾小路きみまろ、岡村隆史、高木ブー、寺門ジモン、仲本工事、南原清隆、松本人志、ヒロミ、カーネル・サンダース

お笑い芸人、タレント、実業家、アナウンサーなど（女）

1	一番町	イモトアヤコ、榊原郁恵、コシノジュンコ
2	二日町	梅宮アンナ、熊田曜子、橋本マユミ、ココ・シャネル
3	三百人町	ギャル曽根、小島瑠璃子、辻希美、小林麻央、寺田千代乃
4	四郎丸	デヴィ・スカルノ（デヴィ夫人）、ベッキー、アニータ・ロディック、藤島ジュリー景子

運命数 命地		
5	五橋	磯野貴理子、スザンヌ、ほしのあき、三田寛子、赤江珠緒、有働由美子、佐々木かをり、藤﨑忍、丸岡いずみ
6	六丁の目	井森美幸、小倉優子、菊池桃子、壇蜜、太田光代、近藤サト
7	七北田	島崎和歌子、下平さやか、南野陽子、南場智子
8	八木山	神田うの、清水ミチコ、山田まりや、滝川クリステル、仲暁子
9	東九番丁	井上和香、佐々木希、里田まい、竹内由恵、小林麻耶、斎藤ちはる、夏目三久

アスリートスポーツ選手・政治家・作家 （男）

運命数 命地	
1 一番町	石川遼、工藤公康、中山雅史、白鵬、石破茂、小泉進次郎、黒澤明、ジョージ・ルーカス、百田尚樹、
2 二日町	桑田真澄、東尾修、ジョー・バイデン、バラク・オバマ、東国原英夫、川端康成、鳥山明、東野圭吾、藤子・F・不二雄
3 三百人町	アントニオ猪木、落合博満、新庄剛志、アルフレッド・ヒッチコック、河野太郎、習近平、小林よしのり、弘兼憲史、藤子不二雄Ⓐ
4 四郎丸	荒木大輔、安倍晋三、岸田文雄、金正恩、菅義偉、ドナルド・J・トランプ、李登輝、大林宣彦、五島勉、永井荷風

運命数 命地	
5 五橋	江川卓、長嶋茂雄、錦織圭、アドルフ・ヒトラー、毛沢東、赤塚不二夫、池井戸潤、池田大作、スティーブン・スピルバーグ、三谷幸喜
6 六丁の目	水谷隼、ウォロディミル・ゼレンスキー、松井一郎、芥川龍之介、一色伸幸、猪瀬直樹、つげ義春、星新一、モンキー・パンチ
7 七北田	イチロー、原辰徳、麻生太郎、ウラジミール・プーチン、ジョン・F・ケネディ、蛭子能収、円谷英二、手塚治虫、松本清張、水木しげる
8 八木山	大谷翔平、星野仙一、舛添要一、江戸川乱歩、太宰治、寺田ヒロオ、野島伸司、森鴎外
9 東九番丁	石原慎太郎、鈴木宗男、伊丹十三、五木寛之、村上春樹、山田洋次

アスリートスポーツ選手・政治家・作家 （女）

運命数	命地	
1	一番町	イ・ボミ、野田聖子、メアリー・エリザベス・トラス、室井佑月
2	二日町	石川佳純、生稲晃子、ヤマザキマリ
3	三百人町	アン・シネ、高橋尚子、宮里藍、小池百合子、阿川佐和子、内田春菊
4	四郎丸	池江璃花子、杉田水脈、萩尾望都

5	五橋	紀平梨花、内館牧子、J・K・ローリング、橋田寿賀子
6	六丁の目	キャロライン・ケネディ、三原じゅん子、池田理代子、柴門ふみ、たつき諒、林真理子
7	七北田	今井メロ、大坂なおみ、高梨沙羅、瀬戸内寂聴、俵万智、水野英子
8	八木山	浅田真央、渋野日向子、吉田沙保里、蓮舫
9	東九番丁	アリーナ・ザギトワ、高市早苗

仙台（宮城）に関わりの ある有名人　（男）

運命数 命地	
1 一番町	中村雅俊、富澤たけし
2 二日町	岸孝之、張本智和、荒木飛呂彦、石ノ森章太郎
3 三百人町	佐々木主浩、伊坂幸太郎、星亮一
4 四郎丸	菅原文太、さとう宗幸、ワッキー貝山、山寺宏一、佐藤厚志、とよたかずひこ

5	**五橋**	大友康平、浅野史郎
6	**六丁の目**	八乙女光（He! Say! JUMP）、マギー審司、生島ヒロシ、羽生結弦
7	**七北田**	稲垣潤一、宮藤官九郎、熊谷達也、佐伯一麦
8	**八木山**	狩野英孝、伊達みきお、由規（佐藤由規）、村井嘉浩、岩井俊二
9	**東九番丁**	勝俣州和

仙台（宮城）に関わりの　（女）
ある有名人

運命数 命地	
1 一番町	恩田陸
2 二日町	大友愛、福原愛、郡和子
3 三百人町	杜けあき
4 四郎丸	本郷理華

運命数	命地	
5	五橋	菅野よう子、千葉すず、張本美和
6	六丁の目	鈴木京香、遊佐未森、久保史緒里（乃木坂46）
7	七北田	荒川静香
8	八木山	若尾文子、森公美子
9	東九番丁	印度カリー子

分類表5は健康運です。

健康運

運命数 命地	
1 一番町	腎臓、膵臓注意。疲れやすい。
2 二日町	喘息、アレルギー、精神疾患に注意。
3 三百人町	頭痛、生理不順、肩・首コリ、逆流性食道炎。
4 四郎丸	ほとんど病気はないが、軽い交通事故あり。てんかんの症状に注意。

運命数 命地	
5 五橋	胃腸、痔、不眠、躁鬱病に注意。
6 六丁の目	難病、がん、しかし克服できる。
7 七北田	胃がんに注意。
8 八木山	骨折に注意。
9 東九番丁	糖尿、高血圧、脂質異常、免疫、ホルモン疾患に注意。事故も注意。

病 気 を 回 避 す る 方 法

運命数 命地	
1 一番町	体調が悪化する前に仕事休む。無理な運動しない。
2 二日町	歩くこと。
3 三百人町	運転少なくすべし。また、家事、仕事をまじめにやりすぎず、適当に手を抜くところは抜いて、休むこと。
4 四郎丸	むしろ周りに病人が多く現れる。介護疲れに要注意。

5	五橋	仕事、趣味に没頭する。暇がかえってストレスになるタイプなので、予定を沢山立てる。
6	六丁の目	団体旅行良い。バイク旅行注意。
7	七北田	郊外へのドライブ。
8	八木山	油断しない。慌てないこと。
9	東九番丁	危険な場所、心霊スポットに行かぬこと。

いわゆる金運、仕事運です。

金運、仕事運その1

金 運

運命数 命地	
1 一番町	みな事業に使う。芸術、成功、創作に金にいとめをつけないタイプ。
2 二日町	パートナーや友人など、自分以外の他人には金運もたらす。
3 三百人町	金運大きくはないがある程度あり。貯蓄、ポイント集め等、しっかりしている。
4 四郎丸	一見慎重派だが、時折金遣いが荒くなる。

5	五橋	晩年大金が入る。あまり苦労せず成功する。宝くじ当たる (高額当選)。
6	六丁の目	大金は入る。しかし、使い切るのも早い。
7	七北田	本来は金持ち。しかし、遺産争いに巻き込まれ、しなくていい困窮にさらされる。
8	八木山	金に縁は少ない。しかし、貧乏にはならない。
9	東九番丁	借金運強い。家族、恩人、パートナーなど、バックアップしてくれる人の死別多く、苦労する。しかし、運、子どもらに助けられる。

成 功 の 秘 訣

1	一番町	クラウドファンディングやSNSを使って、スポンサー、理解者を広く国内外から得ること。
2	二日町	人のアドバイスや常識を守ること。無駄なストレス解消の買い物慎むと良し。
3	三百人町	ブランド好き注意。車に大金かけすぎないように。男性は特に海外旅行、飲食注意。
4	四郎丸	慎重のままで、冒険しなければ良し。

5	五橋	常にピンチがあるが、人や、運に助けられる。油断なく散財（特に酒、衝動買い）に気を付けるべし。
6	六丁の目	投資や事業に安易に使わないこと。
7	七北田	家族を守る最低限の貯蓄と、土地を守ること。将来子孫の助けとなる。
8	八木山	貯めることが出来ず散財する。よきマネージャーが必要。賭け事注意。
9	東九番丁	貯蓄せず、子どもや周りに金を使うと吉。

仕事運・成功の秘訣

運命数 命地	
1 一番町	人に頼らない、個人でやる仕事良し。事業、独立運あり。職人、監督、ゼロから出発するタイプ。誰もやらなかったことをやる。
2 二日町	サポート、アシスタントに徹すると良い。
3 三百人町	どんな職業でも大丈夫だが、まじめで、責任感強く無理をしすぎる。なるべく休むこと。
4 四郎丸	肉体労働を避けると吉。

5	五橋	自己の能力発揮できない、大きすぎて認められない不遇さがある。常に環境を変えること。転職が吉。
6	六丁の目	地道に頑張ること。不向きな職業はあまりない。
7	七北田	部下に厳しすぎないよう注意すれば成功する。
8	八木山	穏やかにみえて、負けず嫌い。自信過剰。油断しないで、コツコツやることを意識すれば吉。
9	東九番丁	優しさと裏腹に、他人を責める傾向があり。男性にはモラハラ気質があるので注意。女性は明るくしていれば吉。

向いてる職業

1	一番町	自営業、フリーランス、経営者。
2	二日町	秘書、看護師。できれば介護職は避けた方が良い。
3	三百人町	看護師、薬剤師、保育士、アスリート、風刺漫画家、栄養士。しかし、教師・英会話教師は凶。
4	四郎丸	IT関係、情報収集、人材派遣、芸能人、政治家。警察官、運転手は凶。

5	五橋	芸能人、作家、営業、セミナー講師、占い師、薬品関係、二代目医師が成功する。公務員は向かない。
6	六丁の目	政治家、事業家、教師、インストラクター、医師は勤務医が良い。
7	七北田	経営者、電気関係、医師、薬剤師、弁護士、政治家、宗教家、占い師、漫画家、講師、大学教授。
8	八木山	不動産関係、表具屋、インテリア関係、葬儀屋、野球選手。
9	東九番丁	保険、建築、公務員、主婦（夫）、介護、自営業副社長、看護師。

分類表7は、開運方法、開運場所、開運ポイントを見ていただきましょう。

開運方法その1

開 運 方 法

運命数 命地	
1 一番町	一人で行動する。新しい文化に挑戦する。
2 二日町	相手の話をよく聞く。
3 三百人町	掃除、家事、とにかく動くこと。車の購入、ドライブ。行き過ぎないブランド購入。
4 四郎丸	素直になること。臨機応変に動くこと。

5	五橋	自然に任せる。人に任せる。大きくかまえる。人を許す寛大な心。国際的視野。
6	六丁の目	損してもよいという姿勢。ボランティア精神。主役にならない。サポートに徹する。
7	七北田	有能な同僚や、部下を大事にする。本音を言う。格好つけない。
8	八木山	人の中にズケズケと踏み込まない。あっさりとした関係を心掛ける。広く浅くの人間関係良し。グループ、大勢で動く。イベントの企画など。
9	東九番丁	子どもに過保護にならない。いきすぎたこだわり持たない。過去に執着しない。断捨離。

不 運 の 原 因

運命数 命地	
1 一番町	流行に合わせた行動。妥協。
2 二日町	自分勝手な解釈。人に聞かない、確認しない。
3 三百人町	余計な嫌味を言う。素直な感謝がない。家人に礼節、挨拶しない。伝統行事を守らない。
4 四郎丸	屁理屈、情報に左右されすぎ、考えすぎ。人を疑う姿勢。慎重になりすぎ。自意識過剰。心配しすぎ。

5	**五橋**	自分で全て、完璧にやろうとすること。考えすぎ。心配しすぎ。怒り。他人のミス許せない。他人に頼りすぎない。
6	**六丁の目**	年下をからかう。ギャンブル、株、投資、起業。
7	**七北田**	神経質、過剰なルーチン行動。パワハラ、モラハラ、宗教、マルチでトップになると凶。
8	**八木山**	暴力、いい加減な態度や身勝手な解釈、自己都合な正義感、横暴な言動をすること。ギャンブル。
9	**東九番丁**	粗雑、整理しない。義理人情優先しすぎ。人への過剰な命令や見下す態度をとること。

開 運 の 場 所

運命数 命地	
1 一番町	一番町、職場（自営）、飲食店、蔵王のお釜
2 二日町	二日町、東二番丁、喫茶店（禁煙）、映画館
3 三百人町	三百人町、三条町、スーパー、スポーツジム、ブランドショップ、回転寿司、海外
4 四郎丸	四郎丸、四国、東京、流行のお店

5	五橋	五橋、五十人町、静かな場所、一人で行ける居酒屋、松島五大堂
6	六丁の目	六丁の目、六十人町、大勢でのイベント、雀荘、海外、仙台城・伊達政宗騎馬像前
7	七北田	七北田、東七番丁、七郷、七ヶ宿、七ツ森
8	八木山	八木山、八本松、八乙女、八幡町、東八番丁、松島、釣り場、ショッピングセンター、高級車販売店、遊園地、動物園、ゴルフ場
9	東九番丁	東九番丁、寿司屋、鰻屋、牛タン屋、同窓会、自宅、花や緑のある場所

開運のポイント（アイテム）

運命数 命地	
1 一番町	自分が発見した価値ある高級品（ノーブランドのもの）。
2 二日町	何ももたないこと。断捨離。
3 三百人町	ブランド品、高級車、家族の普段着。
4 四郎丸	グループ、組織での活動、仙台四郎のキャラクターグッズ。

5	五橋	自然、本、映画のパンフレット。
6	六丁の目	仲間を大事にすること。
7	七北田	仕事に関すること、温泉、七夕飾り。
8	八木山	酒、大勢の集まり、イベント。
9	東九番丁	お金、異性、儀式。

[分類表 8 複雑な区分]

分類表8は、さらに複雑な区分、取り扱い注意な情報です。

①事故・犯罪に巻き込まれる傾向

事故・犯罪に巻き込まれる傾向

運命数 命地	
1 一番町	多い。
2 二日町	少ないが、膝のトラブル、骨折多し。
3 三百人町	ほとんどないが、たまに軽い当て逃げ程度の事故あり。職場の人間、取引相手がストーカーになる可能性がある。
4 四郎丸	少ない。

運命数 命地		
5	五橋	短気なので喧嘩注意。車の運転はあおり運転に気を付ける。マナー悪い相手に攻撃的になる。
6	六丁の目	少ない。
7	七北田	高い。犯罪に巻き込まれやすい。
8	八木山	自己の無防備から、人にだまされる。詐欺に注意。
9	東九番丁	多い。元彼・彼女、元配偶者がストーカーになる可能性あり。遺産トラブルも要注意。

避ける秘訣

運命数 命地	
1 一番町	危険地帯を避ける。危険人物にも距離を置くように。
2 二日町	滑ったり、暗いところ注意。よく転ぶことを自覚する。
3 三百人町	曖昧でなく毅然とした態度で拒否を早めに伝える。
4 四郎丸	今までどおり、慎重で正解。防衛に徹する。

5	五橋	常に冷静に。怒りは損であることを強く思うこと。行き過ぎた正義感に注意すること。
6	六丁の目	詐欺、投資話に注意。
7	七北田	金儲け、プライドに左右されないよう気を付ける。
8	八木山	自分自身の甘さにも問題あり。人を疑う必要も時にはあり。
9	東九番丁	あまり危険な場所、特に霊的な場所に行かぬこと。激情に左右されない冷静な交際相手選びを。

この運命数の人が上司なら

運命数 命地	
1 一番町	自信を持って命令、指示している。従って吉。
2 二日町	一見優しい上司。しかし、具体策が少ない。あまり依存しない方が良いかも。職場の雰囲気作りはうまい。後輩、部下思い。
3 三百人町	上下の隔たりを作らず、自由な空間を生む。
4 四郎丸	革新的な提案はないが、間違った方針は出さない。安定政権を生む。

5	五橋	才能あふれ、斬新なアイディアを持つが、行き過ぎた正義感で組織に反発する可能性も。
6	六丁の目	頭もよく、皆に好かれる上司だが、異性に甘く、大雑把なところもあり、全面依頼は避けるべし。
7	七北田	厳しい上司だが、仕事はできる。理想が高い。そつなく対応して気をつかうべし。
8	八木山	平等意識が強いので、上下関係がフラットな職場だと活躍できる。
9	東九番丁	苦労人の上司。ただし、誤解から周りに敵を作りやすいことも。

この運命数の人が同僚・友人なら

運命数 命地	
1 一番町	新しい発想に感動できる。
2 二日町	程良い関係作りがうまい。
3 三百人町	友人として最適だが、やきもちが強いところも。
4 四郎丸	自己主張が少ないが、協調性を重視、よい人間関係を保とうとする。

5	五橋	優しく、気が利き、人間性は素晴らしいが、神経質な面あり。
6	六丁の目	話しやすく、良き友人、同僚になれる。
7	七北田	プライベートより、仕事の良き相棒になれる。
8	八木山	こだわりのない、自由な雰囲気で、疲れない付き合いが出来る。
9	東九番丁	エネルギッシュで、主体性が強い。ほどほどに距離を置いたほうが良し。

この運命数の人が恋人なら

運命数 命地	
1 一番町	マイペース、仕事優先なことを理解すること。
2 二日町	外面が良く、格好つけ、見えっぱりなところがある。寛容になること。
3 三百人町	照れ屋なので反応が薄くても残念に思わないこと。
4 四郎丸	わざとらしさ、かわい子・頭いい子ぶりっ子をスルーする。実は理論派だが、結論、解決策がない。

5 五橋	感性が強すぎ、自己の過剰な正義感が痛い。優しく注意が必要。
6 六丁の目	行事や常識的なことを大事にするが、どこか詰めが甘くミスがある。
7 七北田	積極的で魅力があるが、攻撃性と、心傷つく発言や行動多し。やんわりと敬遠したり、時には強い NO の姿勢も持つこと。
8 八木山	親しみやすさはあるので、明るく楽しい関係になる。ただし、将来設計が甘いことも。
9 東九番丁	愛情豊か、幸せなカップルになるが、熱しやすく冷めやすい。

この運命数の人が結婚相手なら

運命数 命地	
1 一番町	夫婦共働きは避ける。自分は家庭に入ってサポートに徹すること。
2 二日町	お互いのプライベートやプライバシーに深く関与しない方針で良い。
3 三百人町	家計は折半にする。相手の趣味の散財はとがめないこと。
4 四郎丸	陰で自分が主導権を握ること。

5	五橋	自由意思にまかせる。休んでいても怒らない。何かしら感謝の念を伝えてあげること。
6	六丁の目	仕事や対人関係を任せ、自分は裏方に徹するとよい。
7	七北田	暴走しないよう、常にフォロー必要。母性（父性）を強く持ち接する。食事管理注意。
8	八木山	財布のひも、重要書類、決定は自分が管理すべし（任せてはいけない。）。
9	東九番丁	結婚すると落ち着くが、不倫、浮気の危険はある。現実を常に見せるべし。

この運命数の親なら

運命数 命地	
1 一番町	仕事優先で子どもに関心ないように見える。あまり甘えられない。
2 二日町	親としては依存できない部分もあり。早めに離れ、独立すべし。
3 三百人町	友達的、進歩的な態度見せるが、内面は極めて保守的。
4 四郎丸	一見建設的意見を言うが、結論がなく、優柔不断なところもある。

5	**五橋**	自由奔放、芸術的、新しい文化を形成する。
6	**六丁の目**	常識的な親だが、自分のミスを認めない頑固さもあり。教育熱心。年功序列型。いつまでも子ども扱いをする。
7	**七北田**	仕事中心、絶対的王者の親。
8	**八木山**	明るいがちゃらんぽらん。自由主義だが、やや無責任なところがある。
9	**東九番丁**	人間関係、儀礼的な事、伝統、親戚付き合いを守る親。

この運命数の子なら

運命数 命地	
1 一番町	マイペース。子どもの意見を尊重して見守ること。
2 二日町	自己主張が多いが、光る感性はあり。気長に自由にさせるべし。
3 三百人町	コレクター、マニアになりやすい。ブランド好き、奔放、早熟な恋愛に走りやすいので注意。
4 四郎丸	頭は良いので、特に際立って悪いことをしないが、陰でいじめを先導するずるい子どもになる場合もあり、注意。

5	五橋	趣味や夢に走り、周りの子ども、大人と摩擦が起きる可能性も。個性が理解されず、いじめに合いやすいことも。
6	六丁の目	敵を作らず、程よい関係を上手に作ることができる。我慢強い。
7	七北田	仲間を束ねる才能あり。ただし、自分の思いどおりに動かそうとすることも。
8	八木山	思いやり、気遣いに欠けていることもある。責任感を持たせましょう。
9	東九番丁	とことん異性にはまる。自惚れ強いかも。

第4章

占い師に
なる方法

占い師になるには？

①まずこの生年月日の運命数の割り出し方を完璧に覚えて
　下さい。

②運命数（命地）１〜９の内容を暗記します。この本を手
　元におき、特に分類表を活用して話せるようになりま
　しょう（本やノート、パソコンを見ながら占う鑑定士も
　大勢いて、問題はありません。）。

③次に副業、あるいは営業のパフォーマンスとして、占い
　の実戦、実績を作っていきましょう。例えば、保険の外
　交員など、対面営業の方は話題として活用しやすいと思
　います（よくパンフレットに今日の星座占いなどを添付
　している人もいます。）。セラピスト、ネイリスト、美容業、
　飲食業など、お客様と会話、コミュニケーションを図る
　一端になるでしょう。

④実績が出来てきたら、開運の館等、インターネットで求
　人があるか探してみましょう（まれに地域情報誌に求人
　が出ています。）。

⑤仲の良い喫茶店、飲食店に臨時占いベースを提案してみ
　ましょう。週1回水曜日だけ出演など、受け入れてくれ
　るお店はあるものです。

⑥自宅を占いサロンにしてみましょう。

⑦ホームページ、SNS を大いに活用しましょう。
　　ホームページ作成が困難だ、という方は、LINE、イン
　スタグラム、身近な SNS でコマーシャルしていくこと
　も良いでしょう。

⑧名刺を作りましょう。

⑨「仙台占い」のように、自分の得意な分野を9分類にして、
　自分だけの星、干支を作成し、オリジナルの占いを作っ
　てみましょう。
　　例・コーヒー占い、ラーメン占い、いわき占い、石巻占
　いなど。
　　特に「仙台占い」のように対象・運命数名を「土地」
　で表せば、町興し、ご当地キャラ、のように地域活性化

にもつながる可能性があります。地元ゆるキャラのように「地元占い」・「ご当地占い」の確立を目指すのです。

　喫茶店、飲食店経営の方なら、９区分を、カレーの星、スパゲティの星、オムライスの星など、運命数に合わせた星名を作るのも良いでしょう。コーヒーもそうです。キリマンジャロの星、ブレンドの星、ブラックの星、エスプレッソの星等、沢山創作命名することが可能です。

⑩福祉施設への提案も可能です。

　老健施設、障害者施設等に「占いのセミナー」を売り込みましょう。

　「占いを学ぶことによって、高齢者の方に新しい生きがい、お孫さん、家族、仲間に喜ばれる社交術が身に付きます。」とアピールするのです。

　また、この占いは、目の不自由な方も暗算で、耳の不自由な方も筆談で行うことが出来ます。車いすバスケ、スキー、ダンス、全盲の歌手、筆談コンパニオンのように、車いすの占い師・全盲の占い師・筆談の占い師といった新しい文化を勧められます。

　心のバリヤフリーは、幅広い仕事、趣味の選択の中にあるものです。

「占い師」だけでなく、「占い講師」にもチャレンジして
みましょう。

⑪一人親家庭、透析患者の方、介護離職者の方など、なか
　なか外で働けず困っている方、収入を得る手段の一つと
　してぜひ占い師を目指してみて下さい。この占いを身に
　つけることは自分の個性、武器の一つともなり、新しい
　生きがいになるかもしれません。

⑫分類表４・「著名人」の空いた欄に、自分の好きなタレ
　ントあるいは家族、友人、身近な人の生年月日を調べ、
　書き込んで追加していきましょう。自分でデータ収集し、
　より幅広いコメント、アドバイスが出来る実例、モデル
　を沢山作ってみるのです（インターネットで芸能人の生
　年月日が簡単に調べられます。自らもっと細分化した分
　類表を作るのも良い方法かと思います。）。

　占い師に資格はありません。自称で良いのです。まずは
実績です。あなたも今日からプロの占い師です。

あとがき

　占いはまさしく己を知ること。己を知る者は最も強い。自分が分かれば、すべてがうまくいく。人生は自分をコントロールできるかどうかです。自分を理解、正しくコントロールできれば、他人も深く理解出来るでしょう。

　さぁ、あなたも今日から占い師です。あなたの言葉で救われる人が、大勢待っています。そして、他人を救うことで、あなた自身も救われ、より幸運を導いていくことでしょう。

当 十郎

著者プロフィール

当 十郎（あたり じゅうろう）
1964年生まれ
宮城県仙台市出身
製薬会社MRを経て、2016年占い師に。
現在、現役占い師として活動しながら、
新人占い師養成のセミナーにも注力。

仙台占い

令和5年6月24日　初　版

著　者　当　　十　郎
発行者　藤　原　　直

発行所　株式
　　　　会社　**金港堂**　出版部
　　　　仙台市青葉区一番町二丁目3番26号
　　　　電話　022-397-7682
　　　　FAX　022-397-7683
印刷所　株式会社ソノベ

ISBN978-4-87398-159-8